permissão ao desgaste
o rebento do tempo enquanto processo criativo

Editora Appris Ltda.
1.ª Edição - Copyright© 2023 da autora
Direitos de Edição Reservados à Editora Appris Ltda.

Nenhuma parte desta obra poderá ser utilizada indevidamente, sem estar de acordo com a Lei nº 9.610/98. Se incorreções forem encontradas, serão de exclusiva responsabilidade de seus organizadores. Foi realizado o Depósito Legal na Fundação Biblioteca Nacional, de acordo com as Leis nos 10.994, de 14/12/2004, e 12.192, de 14/01/2010.

Catalogação na Fonte
Elaborado por: Josefina A. S. Guedes
Bibliotecária CRB 9/870

```
S586p      Sofia, Victória
2023         Permissão ao desgaste : o rebento do tempo enquanto
           processo criativo / Victória Sofia.
             1. ed. - Curitiba : Appris, 2023.
             177 p. ; 21 cm.

             ISBN 978-65-250-4374-6

             1. Poesia brasileira. 2. Arte moderna – Século XXI.
           3. Tempo. I. Título.
                                             CDD – B869.1
```

Livro de acordo com a normalização técnica da ABNT

Appris
editora

Editora e Livraria Appris Ltda.
Av. Manoel Ribas, 2265 – Mercês
Curitiba/PR – CEP: 80810-002
Tel. (41) 3156 - 4731
www.editoraappris.com.br

Printed in Brazil
Impresso no Brasil

victória sofia

permissão ao desgaste
o rebento do tempo enquanto processo criativo

FICHA TÉCNICA

EDITORIAL	Augusto V. de A. Coelho
	Sara C. de Andrade Coelho
COMITÊ EDITORIAL	Marli Caetano
	Andréa Barbosa Gouveia (UFPR)
	Jacques de Lima Ferreira (UP)
	Marilda Aparecida Behrens (PUCPR)
	Ana El Achkar (UNIVERSO/RJ)
	Conrado Moreira Mendes (PUC-MG)
	Eliete Correia dos Santos (UEPB)
	Fabiano Santos (UERJ/IESP)
	Francinete Fernandes de Sousa (UEPB)
	Francisco Carlos Duarte (PUCPR)
	Francisco de Assis (Fiam-Faam, SP, Brasil)
	Juliana Reichert Assunção Tonelli (UEL)
	Maria Aparecida Barbosa (USP)
	Maria Helena Zamora (PUC-Rio)
	Maria Margarida de Andrade (Umack)
	Roque Ismael da Costa Güllich (UFFS)
	Toni Reis (UFPR)
	Valdomiro de Oliveira (UFPR)
	Valério Brusamolin (IFPR)
SUPERVISOR DA PRODUÇÃO	Renata Cristina Lopes Miccelli
ASSESSORIA EDITORIAL	Letícia Campos
REVISÃO	Simone Ceré
PRODUÇÃO EDITORIAL	William Rodrigues
DIAGRAMAÇÃO	Bruno Ferreira Nascimento
CAPA	Lívia Weyl

agradecimentos

este livro surgiu no verão, entre 2021 e 2022, como trabalho de conclusão de curso em artes visuais. agradeço ao professor orientador rodrigo borges pelos traçados sutis e libertadores. à banca de defesa, professoras liliza mendes, pelo acolhimento sincero desde meu primeiro ano de ingresso; elisa campos, pelo pragmatismo sonoro único; e isabela prado, pelo afeto transmitido e pela escrita do prefácio desta edição.

o agradecimento mais profundo guardo à minha família, mãe, pai e irmão, por tornarem possível experienciar tanta amorosidade.

em memória de carlos lúcio
(1947-2021)

depois do relâmpago vem a raiz, depois o trovão, o som do rio, estrondo ao longe, depois ainda a luz, as folhas, os galhos molhados e o gosto de ferro na boca. dizem que depois de tudo ainda vem o céu, mácula de energia, e a barriga cheia, o feto, o cordão umbilical para voltar de novo às raízes, ao relâmpago, ao rio.

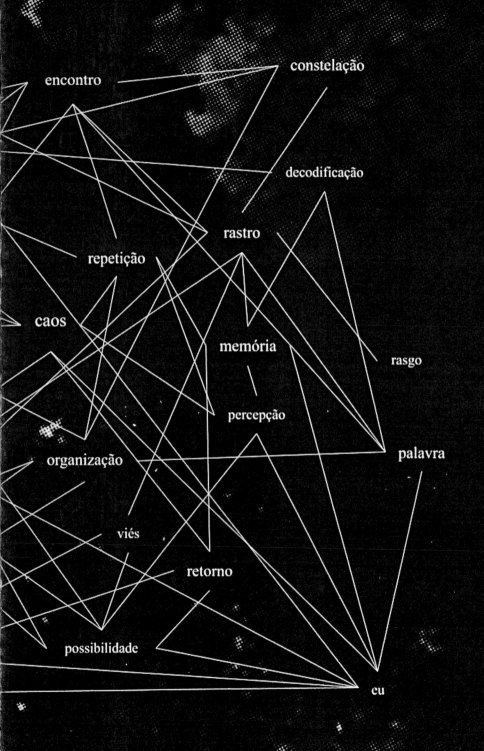

prefácio

Em um mundo marcado pelo contato virtual, pelo imediatismo, pela desmaterialização, pela aceleração do tempo, como pensar o processo de criação? Qual a importância do entendimento dos processos da natureza, com suas características, seus ciclos, suas sutilezas? A tecnologia nos permite estar ao mesmo tempo em vários territórios, e parece urgente que se crie em alguns momentos um fio terra, uma conexão com o solo onde se pisa.

Victória Sofia escreve em letras minúsculas. Um mundo visto e vivido em letras minúsculas, um mundo em que tudo e todos têm um mesmo grau de relevância. Quando se dá igual importância para os fatos, as percepções e os sentidos. "ora essa, e se não houver o mais ou o menos importante?" (p. 26). O minúsculo desierarquiza, ou des-hierarquiza.

A valorização das mínimas coisas, a observação dos processos sutis da natureza, a compreensão da passagem do tempo e de seu papel na germinação dos processos de criação – já expresso como "o rebento do tempo" no título do livro – são elementos essenciais na poética em letras minúsculas de Victória. O entendimento da criação como um processo da natureza, e assim sujeito às mesmas oscilações, ciclos, temporalidades, entressafras, renovações, confluências: "minha matéria é a mesma matéria do mundo, e a matéria do mundo é a mesma do desenho" (p. 53).

Em tempos desmedidos
se permitir senti-lo
deixá-lo atravessar
se permitir na medida do tempo
criar a partir de seu desgaste
(Em permissão ao desgaste).
Aqui entendemos os ciclos
entendemos os acúmulos
os excessos que se vão
o ciclo que se renova
se repete
se renova.

O texto de Victória convida quem lê a um contato profundo e íntimo consigo mesmo e com seu entorno. Uma leitura sensorial, com tato, gosto e olfato. Pura memória da vida que vivemos. Um convite a estar. Um convite a se deixar desenhar.

A leitura nos leva a refletir sobre os processos sutis de nossa relação com o que nos cerca. A perceber as linhas, as camadas e os detalhes deste equilíbrio fino e sofisticado para garantir nossa existência neste mundo, de forma plena, crítica e criativa.

Isabela Prado, pesquisadora em artes e Professora Assistente do Departamento de Artes Plásticas da Escola de Belas Artes da UFMG.

apresentação

o mato cresce com mais facilidade onde há água. já na secura, por outro lado, as raízes são mais profundas, furam a terra e se esticam até encontrar o lençol freático, anos a fio de dissolução de matéria, estado de transe, concentração absoluta para o acúmulo e para a metamorfose. assim funcionam as estalactites deste trabalho; pingaram durante curtos-longos anos humanos, fragmentaram-se e seus pedaços fizeram surgir uma outra forma, um outro sentido. propus-me a olhar nos olhos da relatividade temporal, e a partir daí a linha curva, o nó, o embolo e os imbróglios se mostraram grandes aliados na formação de um pensamento-nuvem, que chove agora no formato de livro.

durante o percurso em artes visuais, entre 2017 e 2022, além dos essenciais encontros e descobertas sobre o outro e sobre mim que se acumulam como pedras roladas no leito de um rio, acumulei também escritos, imagens e modos de pensar que aqui se manifestam circular e livremente, em rota paralela à linearidade, buscando as livres associações além do tempo cronológico em que foram produzidos. os textos se apresentam em fragmentos, bem como as imagens e as referências, que serão devidamente evidenciados nas últimas páginas deste livro, como a cobra que come a si mesma.[1] devoro-me e apresento adiante a deglutição do meu ser. exponho-me para tentar entender o mundo a partir do eu. dou-me

---

[1] existente nas mais diversas culturas em todo o mundo, a figura da serpente e seu arquétipo, *ouroboros*, remetem aos ciclos paradoxais de vida e morte, origem e fim.

para a vida e absorvo dela o que preciso para existir. estou em um entrelugar passivo e ativo, utilizo meus sentidos para absorver e para parir, recebo mundo e nasço mundo, mínguo com a lua e me escondo na terra quando chega a noite.

sempre me indaguei sobre o porquê da necessidade tão latente de nomear as crateras da lua e os anéis de saturno. para além de qualquer espécie de ordem – se é que isso existe –, este trabalho busca se abrir para novas interpretações, novas leituras que não as minhas, novas pontes e interlocuções.

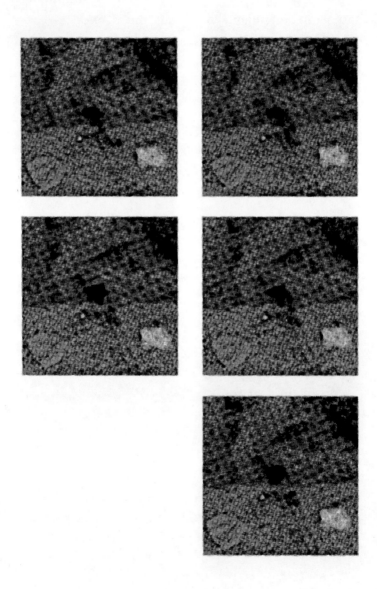

------ ser capaz de manter a própria organização interna diante do impulso natural para a degradação e a desordem é uma característica que qualquer organismo deve ter, independentemente do seu nível de complexidade. isso se manifesta na habilidade demonstrada por ser seletivo e fazer escolhas certas. [...] um organismo é um sistema aberto, no qual a informação flui para o ambiente e vice-versa. em síntese, cada ser troca com o mundo que o rodeia elementos que lhe permitem sobreviver. essa é a razão pela qual a comunicação é uma característica essencial da vida. sem ela, mesmo os organismos mais simples não teriam a possibilidade de manter o equilíbrio delicado que representa a própria vida.[2]

---
[2] mancuso, stefano. *revolução das plantas*. são paulo: ubu editora, 2019. p. 41.

minúsculo	25
desvio comum	29
umidade [1]	37
sobre semente	41
espinafração	51
eclosão	71
se nascer	79
escavação	87
causo do tempo	95
umidade [2]	103
campânula cinge amorfo	109
resplendor	119
o monstro	123
metamorfo	133
tessitura	137
magnífico magnético	141
esperança	147
possível ordem	151
índice de imagens	169
bibliografia	177

minúsculo

rumino a ideia de que a língua não precisa de letras maiúsculas. rumino e chego à conclusão que antes vinha enquanto ideia rasa, pensamento disperso. o maiúsculo hierarquiza. maiúsculo me lembra másculo, másculo é macho, homem, viril, homem viril, que diferença uma letra pode fazer numa palavra. a letra maiúscula mostra quem começa, quem tem um nome, assinala e delimita o que é importante. ora essa, e se não houver o mais ou o menos importante? deveria ser então tudo minúsculo, tudo mínimo, mínima expressão etimológica, todas as coisas em um mesmo nível, sem início ou fim. criar em calmaria gráfica o que se necessita.

aos indivíduos a que me refiro, o faço com o respeito da memória, não com o grau de subordinação estertor típico da norma culta;

às localidades e pontos cardeais a que me refiro, o faço com consciência sitial, não com o grau de subordinação estertor típico da norma culta;

às entidades e suas siglas burocráticas a que me refiro, me refiro com intuito libertário, não com o grau de subordinação estertor típico da norma culta.

o texto ocupa um lugar de violência simbólica tão vigente que o não uso de letras maiúsculas pode ser considerado uma *falta de respeito*. as 23 letras do nosso alfabeto, brasileiro e ocidental, são na verdade 46, as grandes e as pequenas. nos esquecemos que o macro é constituído inteiramente pelo micro.

desvio comum

é a fantasia, durante longos períodos, é a fantasia de mim que se apodera do meu corpo. uma fantasia muitas vezes alegre, na superfície, feliz vida amarela. alegria e tesão em conversar, falar, ouvir; diálogo sincero, aberto, apesar de iniciado por uma fantasiosa versão de mim. é de sua posse um olhar que brilha como sol nas retinas, reluz a miragem que me toma, busca seus pares e os encontra, fazendo brilhar, também, seus olhares todos. quando ofuscada, a luz destes olhos vira vapor, condensa novamente, aviva as obscuridades coletivas, a desgraça escondida em cada esquina, a reatividade dos dias. busca, ainda, retornar à condição de autêntica poesia, mesmo que fantasie.

e
perm
issão
desga

definì
ic
ao
ste

umidade [1]

um dia depois do outro

um dia depois do outro

um dia depois do outro
um dia do outro

um dia depois do dia

um dia depois do outro

dia dia dia dia
um dia depois do outro
um dia depois do outro
um dia depois do outro
um outro depois do dia
um dia
um dia

um dia depois do outro

um dia

        depois do outro
um dia depois do outro

depois do outro
depois do outro

depois do outro
depois do outro
depois do outro
      um dia depois de um dia

      um dia
      um dia
      um dia

              depois do outro
um dia depois do dia

sobre semente

respirar
ceder
abrir os caminhos para o
ar

difícil, ora
cair
romper
quebrar o chão
crescer por entre o meio-fio
encontrar os
caminhos por entre
as rachaduras
estreitar-se
mover-se
em direção a um
sol

certeza

mania de
luz
dentro, ouço

mas fora, aqui
vejo,
respiro
cedo
enfloresço

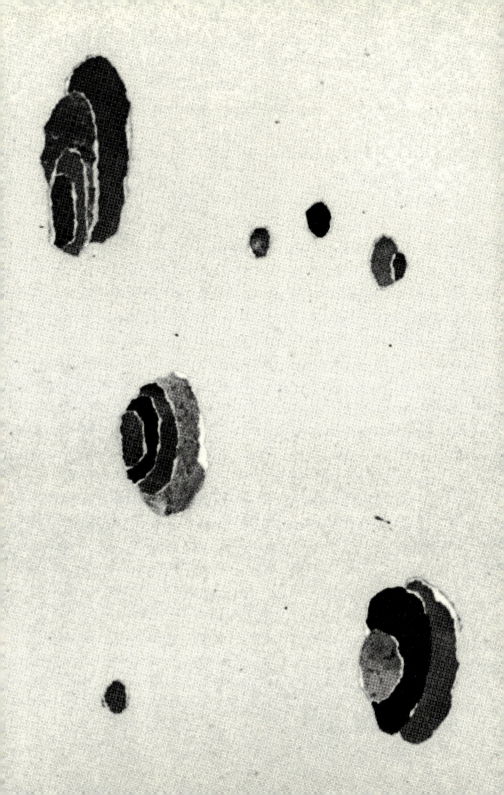

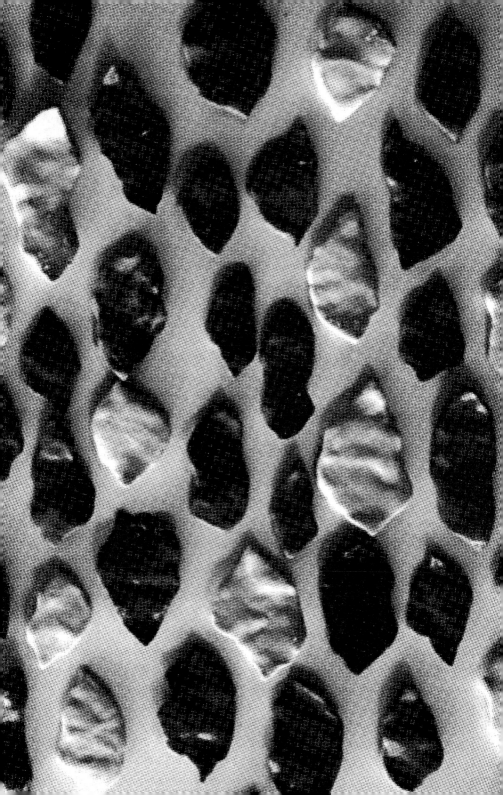

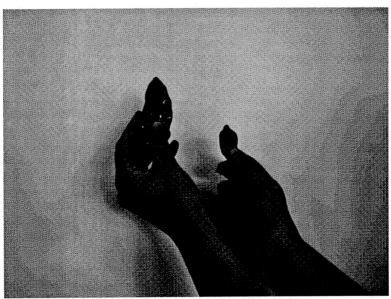

espinafração

espinafração. [de *espinafrar* + -ção.] s. f. bras. v. descompostura (2).

espinafrar. [de *espinafre* + -ar^2.] v. t. d. bras. gír. **1**. repreender com dureza; descompor. **2**. dizer muito mal de; criticar asperamente; tesourar, pichar. **3**. ridicularizar, ridiculizar, desmoralizar.

tento organizar meus pensamentos a partir de uma fluidez caótica que me atropelou como um caramujo gigante, gigantesco. *festina lente*[3], a lebre saltando da concha, apressa-se lentamente para ser decomposta. apressa-se para vagarosamente cuspir conteúdos, que caem como sementes na gosma significadora da lesma. o que está acontecendo, e quando começou acontecer? como cheguei aqui? como fui expelida da concha invaginada que protege do mundo exterior? como pode o pensamento se desdobrar de maneira tão escorregadiça? escorre diante dos meus olhos para o papel, numa espécie de informação emergente que varia sua forma de acordo com a lógica destemporal que mergulha tão profundamente nessa piscina-oceano de possibilidades – poder ter, ser, fazer, criar, poder de maneira consciente. essa emergência, imagem, que transita livre e literalmente, pode ser tudo. mais especificamente, pode ser qualquer coisa, que

---

[3] em *a poética do espaço*, 1958, gaston bachelard, em um dos capítulos, discorre sobre a concha e analisa fenomenologicamente a imaginação humana com relação aos seres impossíveis que podem emergir dessa formação mineral, nos deparamos com o emblema da lebre saltando da concha, lenta pressa do molusco, ser mole, que constrói sua casa dura e impermeável. italo calvino, em *seis propostas para o próximo milênio*, 1988, destaca o emblema da borboleta e do caranguejo como "duas formas animais, bizarras e simétricas, que estabelecem entre si uma harmonia inesperada" (p. 61).

tenha significado ou não, que seja de pedra, folha, casca, besouro, unha, entranha, verme, mofo, nuvem, cosmo, bactéria, de qualquer coisa que seja deste mundo. deste mundo ao qual eu pertenço, cujo cerne é meu cerne. minha matéria é a mesma matéria do mundo, e a matéria do mundo é a mesma do desenho;[4] as coisas têm vida própria, se ornamentam em torno das ideias. desenhar – ou seja, reproduzir em imagem aquilo que não existe fora do pensamento – é orgânico como a ordem gravitacional que rege as interações ante o plano do suporte. essa ordem rege, também, junto da consciência, o peso da minha mão depositando camadas de grafite pouco a pouco na superfície do papel. a visão ampla que se pode ter das imagens e a pluralidade de suas interpretações são tanto causas como consequências de se viver em constante osmose com o mundo. essa organicidade é essencial – essência vem do elementar, vital, do ar e da terra, da água e do fogo – para a manutenção da absorção completa, uma transmutação que se reapropria das formas existentes em tudo o que é matéria (ou não matéria).

numa investigação que caminha entre arte, biologia, geografia, ou qualquer outro termo que designe algum estudo do universo, que ainda é particularmente desconhecido de todo, os limites deixam de ser circulares também na relação entre as áreas de conhecimento, tornando claras, porém,

---

[4] sobre a relação entre *fazer*, *aquele que faz* e *o que é feito*, sueli maxakali, em seu texto "yãy hã miy" (in: *catálogo da exposição mundos indígenas* / vários autores. belo horizonte: espaço do conhecimento ufmg, 2020), afirma: "se eu fizer um desenho, eu vou formar, transformar, eu vou formar o desenho do bicho, aí fiz, transformou [...] se eu plantar semente, vai se transformar em pé de fruta, vai sair fruta. transforma em diferente" (p.110).

inversamente, obscuras suas fronteiras. quando um deixa de ser para outro começar? não deixa; tudo existe. no todo de possibilidades, grande extensão de água salgada, vive o processo criativo: quanto mais profundo o mergulho, maior o efeito do sal no escarro de imagens racionalizadas. a racionalização da poética poderia então ser significada como a absorção gradual de todas as categorias de coisas mundanas. como digerir tanto mundo? digerir e depositar no mundo. digerir as orquestras de luzes e sombras, em qualquer chão de cimento, em qualquer tapete de folhas secas. esmoer o microscópico e o monumental, macrocelular, o ovo, gema que colore de amarelo o núcleo da terra. parte da necessidade de observar, mais do que ver, analisar, ruminar até que faça sentido. colocar em ordem o fazer, paralelamente ao fazer em si, é um ato de organicidade. através da biologia pluriconceitual aqui instaurada, pensemos em sementes. em qualquer lugar do mundo, uma semente de melancia é uma semente de melancia. nem todas as melancias do mundo têm sementes; nem todos os lugares do mundo têm melancias. quantas falácias podem brotar de uma plantação de melões? quantas frutas e legumes são necessárias para se obter uma forma universal? as sementes vêm enformadas. uma a uma, incessantes particularidades nas fôrmas uterinas que não param de fazer nascer, material genético único, porém padronizado. ora, é possível, então, organizar esses padrões? as espécies de gimnospermas produzem diferentes tipos de sementes, mas seu esperma essencial é um só. o mesmo ocorre com meu corpo; ser falante, ambulante, criador de imagens, excretor de conceitos. corpo igual-mas-diferente, corpos siameses, cujos materiais genéticos são mais de 99% iguais aos de uma pacata senhora fazendo digestão do outro lado do pacífico. ainda assim, esta senhora pode não se sensibilizar perante o destino latente de uma folha que em espiral se desprende de sua unidade. esta senhora pode não ser capaz de testemunhar o milagre original, diante de seus olhos a folha é ela própria sua minúscula unidade, longe da copa da árvore-mãe, ainda assim cumprindo sua função universal: existir. existir, que seja para existir enquanto adubo, matéria morta criadora de vida primaz, tão dubiamente fétida, matéria que espinafra sem tentativa alguma de conter a balbúrdia consequente do nascimento.

subversivas frutas que matam o apetite e, conquanto, o alimentam! fazem crescer uma fome obstinada por formas celulares que, depois de digeridas, são expelidas como em um parto. suas sementes dão vida a enormes bananas manchadas de preto, cujos umbigos transgênicos se encaixam quase industrialmente na boca do formigueiro da rainha. imagino uma esteira de sementes e formigas, manufaturadas em fordismo espontâneo, simplesmente porque lhes era necessário. são tantas em qualidade e quantidade... mas não segundo a noção humanista de qualidade. na vida orgânica, como é sabido, não existe bom ou mau. coexistem todas as formas, numa condição arbitrária de plenitude, pois estas têm vida própria. a forma é capaz de manipular uma prévia existência e modificar sua condição ulterior, possibilitando que os corpos se adaptem mais e mais ao caos inevitável. caos, significante por vezes erroneamente atrelado à desordem, assume aqui uma postura de extrema consciência fenomenológica. é um sistema organizado e infinito. talvez não compreendamos o infinito, e por isso seja tão difícil assimilar a lógica de pandora. seria a caixa de pandora (ou a teoria da bolsa[5]), cubo branco, enraizada em seu seio por fractais? se não, seria possível fazê-lo? não é mais uma questão de ordem. é uma necessidade de etiologia. ressurge, então, o caramujo: a colossal criação de vida que destrói tudo abaixo de si, abre um caminho para o submundo e traz à tona sua majestosa concha, sublime cálcio espiralado, a prova unânime da existência de um deus. deus é caos. não o confunda com este deus com d maiúsculo, que pune e castiga.

fruto nascido de cesárea, a carne vermelha da melancia é uma bolsa de sangue costurada em linhas verdes de remendo, envolta de um grosso manto de água sólida. a melancia é água com cor, cheiro, gosto e aparência. me assusta pensar como sou eu, também, água emplasmada com cor e cheiro e gosto e aparência! tal qual a barata de g.h.[6], recheada de plasma neutro e fértil, com o líquido capaz de dar valor à experiência mais irrelevante de troca entre o eu e o outro. trocas entre indivíduos dentro de um mesmo sistema. o estudo das interações entre o inteiro e suas partes pode ser considerado uma pesquisa alquímica. todos os corpos, sem exceção, interagem no invólucro do todo.

---

[5] k. le guin, ursula. *a teoria da bolsa de ficção*. são paulo: n-1 edições, 1986.
ursula nos apresenta uma história da humanidade cuja ciência, associada às práticas femininas, nasce a partir dos recipientes, da invenção de um objeto que serve para acolher, resguardar, ao contrário da figura masculina do "herói" que se utiliza da natureza para criar armas pontiagudas e baseia o conhecimento evolutivo na habilidade de caçar.

[6] lispector, clarice. *a paixão segundo g.h.*. rio de janeiro: rocco, 2009.
neste encontro absurdo entre a vida cotidiana e um acontecimento transcendental, clarice nos convida a observar o minúsculo, o indiferente, aquilo que passa despercebido e tem uma capacidade enorme de afetar o indivíduo.

"alquimia artística" seria talvez um termo demasiadamente carregado de um passado que somos obrigados a enfiar goela abaixo. decolonizar a ideia de alquimia fora da lógica euroconcretizada é entender a "américa latina"[7] como terra universal para as formas do mundo. a cada instante, fica mais e mais claro que os elementos dentro da caixa branca de pandora podem ser rearranjados em modos de pensar que sugiram a organicidade dos frutos de uma terra ensanguentada e enlameada, mas que renasce em meio a um ambiente tão sufocante. modos expansivos, hiperativos, tal qual o próprio processo de criação; tal qual as formas que aqui entram como pedaços de mundo em profunda desordem, procurando sentidos. surge uma clara constelação. constelações de nódulos nas cascas de banana e pintas de sol na pele. tudo que acontece no processo infere nas atitudes tomadas diante do trabalho. pois não é possível fugir de escolhas: elas precisam ser tomadas independentemente de qualquer crença na geração espontânea de larvas imagéticas na carne fértil da criação. o jogo conflituoso entre a consciência da escolha e o acaso do acontecimento não afeta em nada o destino da realidade. corpos à deriva também ancoram.

---

[7] adotei a grafia "américa latina", entre aspas, baseada na definição de julio cabrera no capítulo "esboço de uma introdução ao pensamento desde 'américa latina' (para além das 'introduções à filosofia')" (in: *arte e política na américa latina* / vários autores. belo horizonte: brígida campbell, 2021): "[...] esse termo é particularmente incômodo, pois, por um lado, se refere ao nome de um colonizador [...] e, por outro, a uma denominação do século xix para distinguir ideologicamente as duas "américas" a partir de interesses diversos de potências estrangeiras e de elites locais. o termo "américa" recapitula, assim, a história da invasão e a denominação "américa latina" alude a uma distribuição ideológica de territórios políticos, deixando de fora, por exemplo, todo o saber indígena e negro, que não é "latino". eu gostaria muito de não ter que usar o termo [...], mas é a denominação comum, de modo que podemos usá-lo como um rótulo, mas sempre de forma crítica e, entre aspas, com muita cautela" (p. 12).

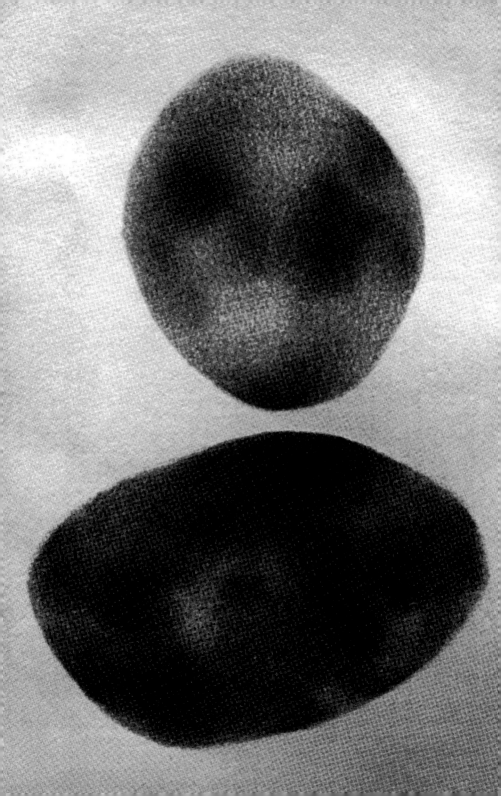

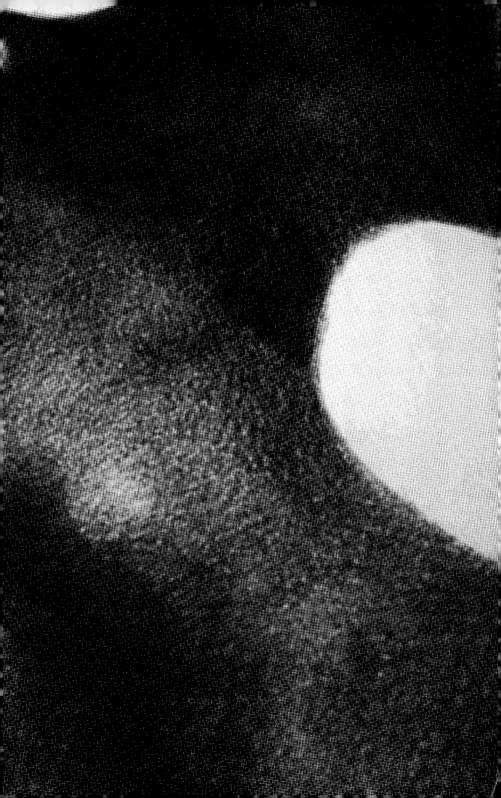

- - - - - - o fato mais misterioso e o menos acessível ao pensamento científico atual é o enigma da forma.

como uma forma pode nascer? não poderíamos exprimir esse problema melhor do que com as palavras de uma criança dirigidas a um escultor, conforme relata c. cesbran: "como você sabia que havia um cavalo escondido na pedra?". sim, porque uma forma, seja ela pertencente a um homem, a um animal, a uma planta ou a um objeto, é antes de mais nada uma ideia, existente no plano espiritual antes mesmo de aparecer no mundo físico. nunca é a matéria que cria a forma, mas forças plasmadoras que se cumprem e morrem na matéria.[8]

---

[8] burkhard, gudrun krökel. *as forças zodiacais: sua atuação na alma humana.* são paulo: antroposófica, 1998. p. 173.

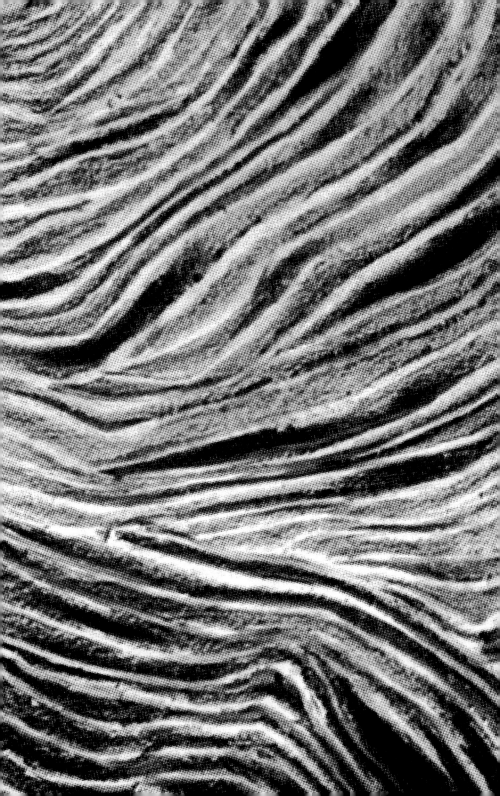

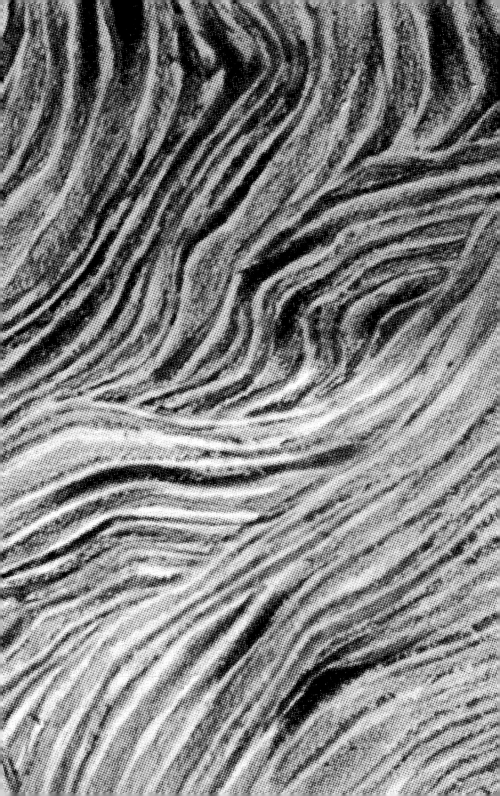

eclosão

- - - - - - estou procurando, estou procurando. estou tentando entender. tentando dar a alguém o que vivi e não sei a quem, mas não quero ficar com o que vivi. não sei o que fazer do que vivi, tenho medo dessa desorganização profunda. não confio no que me aconteceu. aconteceu-me alguma coisa que eu, pelo fato de não saber como viver, vivi uma outra? a isso quereria chamar desorganização, e teria a segurança de me aventurar, porque saberia depois para onde voltar: para a organização anterior. a isso prefiro chamar desorganização pois não quero me confirmar no que vivi – na confirmação de mim eu perderia o mundo como eu o tinha, e sei que não tenho capacidade para outro.[9]

sinto por vezes que eclodi. não me compreenda mal – eu já existia. eu fui a gema, ontem. antes de antes de ontem. mas não me compreenda mal – eu comi a minha própria casca. matéria calcificada que retém memória. nesta fenda – veja: o rasgo que deferi – o sangue é o mesmo catarro que forma o ovo. o ovo é a mesma lama na margem do rio. quisera eu ser girino, sapa boquiaberta caçando moscas com a ponta da língua. aquela baba viscosa que escorre do canto da boca – não me compreenda mal – aquilo é a minha seiva.

---

[9] lispector, clarice. *a paixão segundo g.h.*. rio de janeiro: rocco, 2009. p. 9.

o caos, sempre o caos. se me repito é única e exclusivamente por conta dele. vou e volto como ar dentro do redemoinho. os sistemas caóticos vêm e voltam. fazem tudo se repetir, os estranhos ares do vaivém.

veja: é preciso aceitar a condição caótica do processo criativo. é preciso entender a quietude precedida pelo alvoroço – o mistério vive no redemoinho.

o sexo dos corpos na natureza possui a mesma essência do processo criativo. existo para exercer o sexo processual dos neurônios em contato com o mundo. minha respiração está carregada de clorofila. sou a parte meio cheia e a parte meio vazia; manifestação da condição pneumática do viver[10]. existo para me lembrar – ou inventar – aquilo que me toma a existência. não me leve a mal – a dualidade é, também, como ar dentro do redemoinho. ar sujo recheado de carbono.

---

[10] coccia, emanuele. *a vida das plantas: uma metafísica da mistura*. desterro [florianópolis]: cultura e barbárie, 2018. o autor discorre sobre o paradigma do sopro, o pneuma que é ser e estar vivo. "o mundo é a matéria, a forma, o espaço e a realidade do sopro. as plantas são *o sopro de todos os seres vivos, o mundo enquanto sopro*. inversamente, todo sopro é a evidência do fato de que estar-no-mundo é uma experiência de imersão. respirar significa estar mergulhado num meio que nos penetra do mesmo modo e com a mesma intensidade com que o penetramos. todo ser é um ser mundano se está imergido no que se imerge nele. a planta é assim o paradigma da imersão" (p. 56).

nos dias em que chove e fica aparente a nódoa humana cinza-escuro entre o céu e a terra, nestes dias percebe-se que nada se sabe sobre o que está de fato acontecendo. entenda: o desenho é apenas um reflexo deste corpo que existe tanto quanto o desenho. mapear o sistema nervoso central do ovo – o sistema nervoso central humano – ou a manga ubá em queda livre e seu forte impacto que esburaca a terra onde piso.

quanto mais me aprofundo no processo de mapeamento, mais me afasto da constelação do caos. sim, as estrelas são caos absoluto; o céu que enxergamos plano é composto por luzes a milhares de anos-luz de distância entre si. os mapas são uma tentativa analítica de autocontrole da espécie. neste momento em que novamente compadeço a ação caótica e retorno à espiral, entendo a diligência da pipoca. aquecidos, os grãos secos se expandem e assumem outra forma; o processo emite um som, um aviso: eu metamorfoseei. este som prolongado é para mim o ruído óbvio e seco da casca de ovo se quebrando, o ruído performático da manga sufocando o chão, a lembrança fixa do estado de mudança ao qual estamos condicionados.

os fragmentos da percepção mostram-me a dimensão da diferença abismal entre o plantio e a manutenção. iniciar a vida nada tem a ver com mantê-la; os ritmos são antagônicos. me mantenho entregue a um rio infinito de depósito e retirada. observar o tempo do mundo e das pessoas é aceitar o descontrole. estou em casulo. estou procurando.

a vida em constante manutenção
o encontro em constante proliferação
a terra em constante erosão
e o tempo em constante furacão
[...]

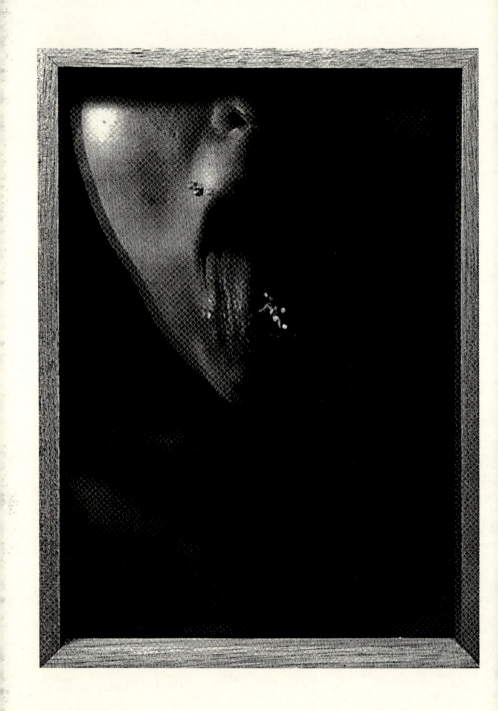

se nascer

se nascesse algo
além do ser/
além da cadela/
a se nutrir da
própria placenta/

se nascesse algo além do mal/
além do mal dito/
além do mal feito/
além do mal encarado/
por vezes disperso/
por vezes dissipado/
além do rebuscamento/
além do mal encarnado/
por vezes bem vestido/

se nascesse algo além do que conheço/
se nascesse alguém além do morno/
por vezes semimorto/
por ora rechaçado/
além do percalço/

hesitante/

por vezes complacente/
por vezes submerso/
por vezes afogado/
dez vezes removido/
dez vezes reincidido/
não seria mal interpretado/

- - - - - - de que lugar se projetam os paraquedas? do lugar onde são possíveis as visões e o sonho. um outro lugar que a gente pode habitar além desta terra dura: o lugar do sonho. não o sonho comumente referenciado quando se está cochilando ou que a gente banaliza [...] mas que é uma experiência transcendente na qual o casulo do humano implode, se abrindo para outras visões da vida não limitada. talvez seja outra palavra para o que chamamos de natureza.[11]

---

[11] krenak, ailton. *ideias para adiar o fim do mundo*. são paulo: companhia das letras, 2019. p. 65.

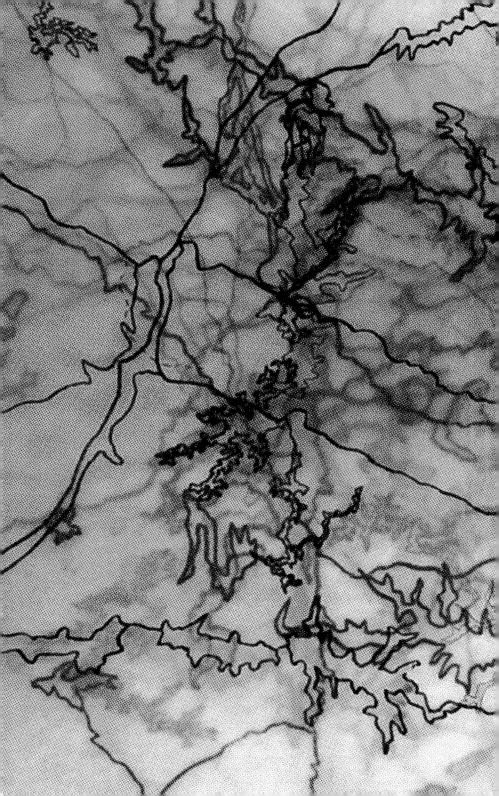

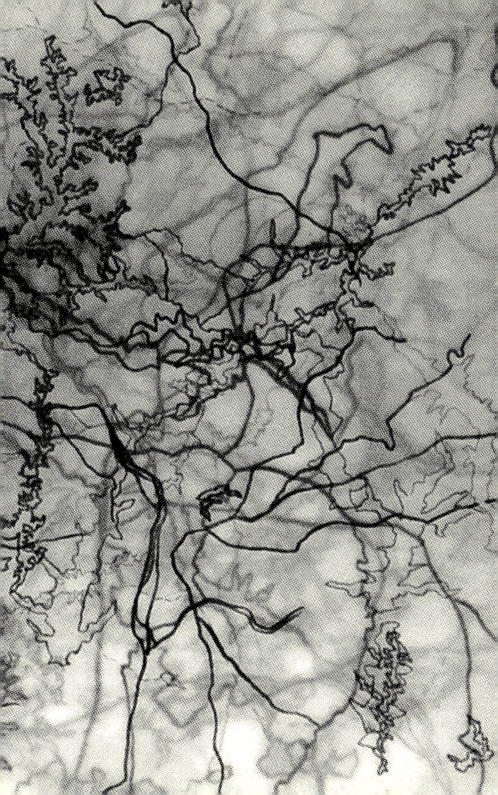

escavação

lembro-me de que este chão foi um dia um bloco de pedra. um enorme bloco maciço de pedra dura, intransigente, agora laminado, retangular, repetidas vezes, quantas vezes se quebrou? quantas vezes foi dado como perdido? removido da terra perde suas raízes. mas parece ter raízes dentro de seu próprio corpo, como um sistema linfático mineral, tridimensional, maciço de lâmina enorme. dentro de si outras formas, dentro das formas outros corpos, diferentes, todos iguais. lembro-me daquela vez que fui atingida por um corte longitudinal, da ponta da testa até o períneo, dentro de mim havia inúmeros seres, inúmeros ovos quebrados, meus ossos hoje porosos eram densos como blocos duros de pedra maciça, e entre meus dentes cresciam besouros ou rachaduras estruturais. sei apenas que havia algo ali, e minhas gengivas sangravam como se minha boca chorasse, e em parte chorava, sim, pois meus olhos a essa altura já estavam secos... confundo-me, não sei se comia ora-pro-nóbis ou se era comida por deus, ou se via deus dentro de mim enquanto era cortada, ou se delirava em sonho para às seis horas da manhã acordar sem nenhuma memória a respeito do que acabara de me ocorrer. é possível ser cadáver e já viver outra vida? ser alma em forma de peixe, e fazer um colar de seus espinhos, ser ouriço, alimentar-se do ferrão das abelhas, como quando o seu céu da boca foi ferroado pois a apis pensou que seria devorada ali mesmo, no céu da sua boca, e você ficou denso e frustrado como um bloco maciço de carne humana, no entrelugar que te habitava naquele instante, sem alma, e uma abelha morta em sua língua – eu não devia estar aqui! mas já era tarde demais. se naquele momento você fosse seccionado como eu fui, dentro de sua cavidade bucal estaria uma bola oca envolta de cera, com aquele ferrão impedindo o pus de transbordar, e seus pulmões se encheriam de qualquer coisa que viesse junto com o ar para possibilitar o grito: naquela hora, exatamente, seu grito seria denso, duro e tridimensional, e teria formato de montanha; ou melhor, morro, em terras brasileiras não há montanha, há somente morro e sangue, mar de morro, mar de sangue, ar de sal, mangue de areia, e é tudo casto, tudo sagrado, mata virgem, nada ali é fálico porque estas terras são uma enorme vagina em plena menstruação, fluxo que afoga milhares de araras, e as faz renascer vermelhas, molhadas, sem penas, sem pele, somente ovo, nem mesmo casca, somente feto e placenta, gravidez autogerida. do que eu falava? a linha branca de sal na areia da praia. e o buraco podre de onde minam as larvas, hoje percebemos que sempre esteve em nosso próprio corpo, como uma rocha dura, minério inatingível, fosso ainda inexplorado, inabitado. as larvas possuem alma? os vermes rezam para serem salvos – o paraíso do verme é um pedaço de carne podre... você achou tão bonito o texto sobre o todo, como uma larva adulta, e eu era o pedaço de carne podre, e o seu expurgo foi vomitar em mim e se alimentar da acidez do seu próprio suco gástrico sob o suporte do meu corpo, e tinha gosto de mel, você me disse, mas era o gosto do seu vômito, não da minha podridão. hoje eu sei, mas antes tive que chorar pela boca, eu parecia cuspir pedras e meus dentes um a um, e doeu, abriram-se vários buracos e mercúrio caiu do céu para me alertar sobre o perigo de se dizer sem calcular as consequências do dito, o dito premeditado, duro, denso, porque dizer é ação, e ação é tempo, como as camadas de pedra que recobrem o chão, e o pó fino oriundo da terra é como a fala, absorve a inflamação quando diluído em água, mas faz uma bagunça quando baforado no ar. a madrugada não é tão bonita com esta nuvem de fumaça cinza insensibilizando minha vista, meu corpo embotado despede-se das três marias, mesmo sem vê-las, e ferir-me novamente parece duro e maciço, e ainda mais desnecessário. lembro-me daquela vez que tentei encher minha caixa torácica, e fracassei por não haver ar o suficiente que preencha o espaço vazio entre meus órgãos, assim como não haveria vírgulas o suficiente para reclamar os poréns de meus devaneios. mas é bem verdade que os carrapatos se alimentando de meu sangue não impedem minhas veias de pulsarem, bem como o gosto do verde não me impede de ser incapaz de digerir a celulose, bem como, também, a rigidez da pedra não a impede de ser devorada pelo aboiz, e nem minhas orações impedem o medo de me engolir durante a ausência do sol. o sol não representa o oposto do medo, nem mesmo o oposto da noite. a luz queima, é preciso ter cuidado ao manuseá-la, é preciso fechar os olhos, e fechar os olhos é estar em órbita com sua própria escuridão, dura e maciça, como blocos de água sólida se liquefazem ao menor sinal de termorregulação do corpo – é preciso manter o sangue quente.

causo do tempo

vejo unhas crescendo
e a lua
nessas tardes de outono
azul cativa silêncio
isso
aquilo
são pedaços do tempo
jangada...
trepida pelo poço de lágrimas que eu cavei
chorei o mar
de tarde...
os olhos mansos
conversam entre si
e a comunicação...
silenciosa...
trépida...
falha...
o silêncio é...
desesperador...
ainda assim a única saída
uma grande confusão
e quem briga está em silêncio
em face de quem grita

há dias em que o grito nada significa...
há dias em que o silêncio...
some...
o dia
apenas
começou
retrógrado...
os olhos doem no fundo da cabeça
os olhos mansos
do lado de fora a grande casa robusta esconde paredes
comidas por cupim
rachaduras estruturais...
pó nos móveis...
da retina ao desespero
as mãos ásperas
feridas
e o gosto de ranço...
fazem-me saber...
que serei cópia destas mãos
enrugadas
unhas quebradas
nós na garganta
feito um sabiá com gastas siringes

umidade [2]

o dia claro tomba na varanda, acorda esporos e manda para o fundo da terra a água de suas lágrimas. lágrimas caídas na hora de vitória, os porcos gritando são hoje puros e rosas, o caule leitoso como aquela mulher de mãos finas que me ensinou a fazer chá de folha de goiaba para amenizar a dor do útero. fala pouco sobre coisas necessárias e quando o faz é realmente necessário. o cheiro de mijo no quintal em nada define as camadas de memória daquele lugar e nem seus cabelos brancos falam sobre velhice. falam mais sobre a vida vivida cheia de arrependimentos em forma de cacto, choro em forma de pé de galinha, voz derivada do silêncio, o dito silêncio costurado na boca em forma de ruga. sorriso para baixo, noventa graus de descompostura, mais noventa de puro sangue fervente, trezentos e sessenta de misericórdia, mais algumas contas de amargura. muitas contas amargas, azeda é a lembrança do que não foi, os peitos murchos como orquídeas no outono.

agrido? creio que não. quando menos se espera já virou areia. e os olhos aflitos me levam a lugar nenhum senão à certeza de que terei este mesmo rosto, ruga em forma de abraço, jardim em forma de fotografia velha, mofo em forma de sorriso para baixo, os dentes da boca em forma de dente dos pés, unha em forma de redemoinho. o rio correndo sozinho mirando as paredes. as paredes rachando mirando o sol. a terra estralando mirando as estrelas. e uma lagarta sem caminho almejando o mato que arranco a leves puxões, extorquir as raízes na expectativa de que [...] irei me deitar [...] e a água correrá [...] além dos meros olhos meus.

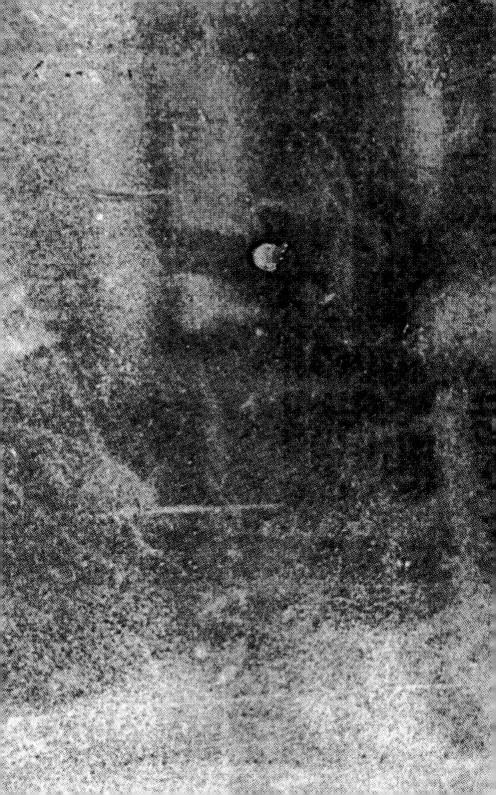

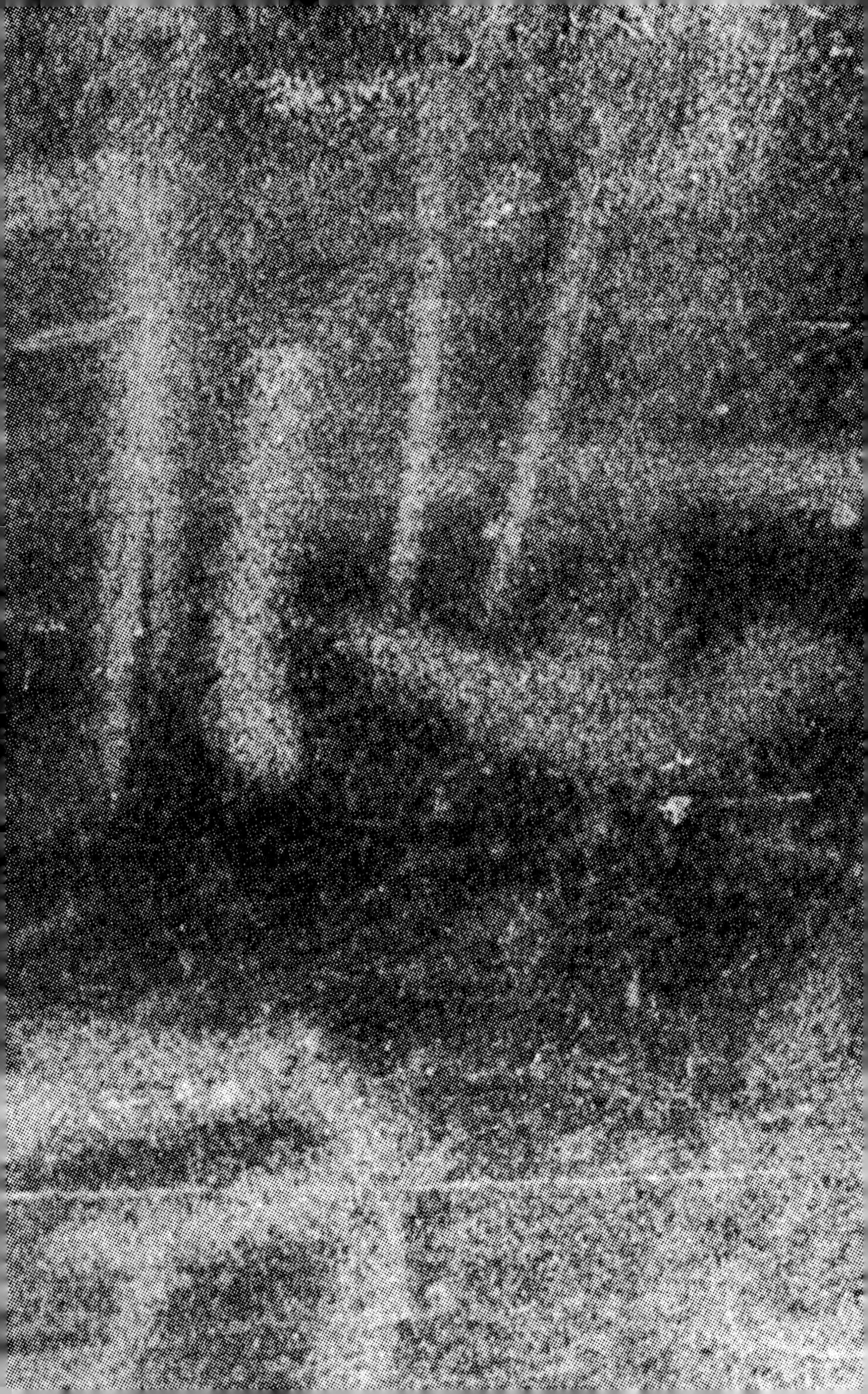

campânula cinge amorfo

o espírito coletor é de uma naturalidade que, contraditoriamente, exerce função científica. o escopo da coleta é guardar para si próprio – ou para o outro – fragmentos de um tempo absolutamente imprevisível. esse jogo implica estar atento ao caminho: o chão é riquíssimo em conteúdo inútil. o conteúdo do chão do mundo é tão inútil quanto sua coleta. inútil pois não tem função aparente; acontece por um motivo, mas não possui funcionalidade alguma o pedaço de máquina desacoplado do inteiro férreo, assim como um galho seco não indica sequer a morte de seu corpo originário.

as recorrentes e intensas trocas com o acaso me despertam a sensação de constante osmose com o mundo: me vejo obrigada a agir enquanto interceptadora. mediando tais trocas ao catalogá-las, arranjá-las imageticamente, enclausurá-las e, enfim, constatar por meio da experiência, ver com os próprios olhos, e através dos olhos do outro, a ação exercida pelo ar (e/ou pelo tempo) – até que tudo vire pó. eu provavelmente não verei a coisa virar pó. então talvez não poderei constatar nada, em grau nenhum, e os objetos coletados se mostrem menos infinitos que nunca. é possível que, como numa onda impulsionadora, as formas cosmológicas comecem a despencar aos montes até que tudo seja realmente nada – até que tudo vire pó. este é o resultado de um longo processo de decomposição; é catártico. a coisa se decompõe, reforçando seu caráter inicial – a coisa chega a mim já morta. mas, é claro, morrer é um processo. a morte é contínua, nunca para. a morte e o ar e o tempo soam como palavras aleatórias, conceitos atribuídos a um mesmo fenômeno, sistema lógico que tanto diverge do sistema humano. melhor dizendo, o sistema humano tanto diverge do sistema lógico da morte e do ar e do tempo! seres de uma mesma natureza que tanto têm sua própria individualidade quanto se mesclam uns aos outros para constituir um só organismo etéreo.

os grãos de areia têm a mesma forma das bolas brancas nas penas de uma galinha-d'angola, ambos são, já foram e/ou serão pó. dentro dos recipientes, é impressionante como os objetos industriais e os fósseis da terra parecem feitos da mesma matéria. e são mesmo, no final das contas; todos se decompõem – é eclesiástico.

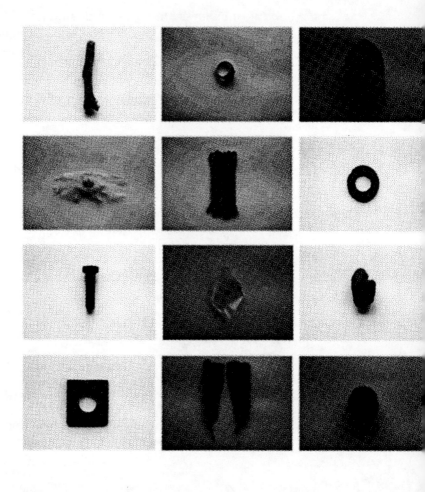

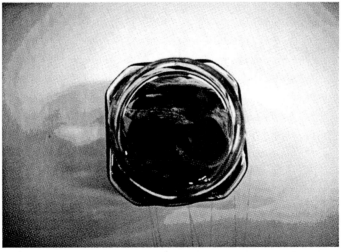

- - - - - - duas noções de coleções [...] devem ser demarcadas: a primeira explora o conceito de coleção como essência da operação artística, estratégia e ato de criação; a segunda demarca a coleção como processo de gestão curatorial para exibição, aquisição e formação de acervos. essas ações são imbricadas? dependentes? complementares? ou ao contrário, são ações autônomas (que se autogerenciam e autorregulam) e independentes (descoladas e deslocadas uma da outra)?[12]

---

[12] yacy-ara froner, "coleções: o interstício da curadoria, do colecionismo e da preservação" (in: *fronteiras e alteridade: olhares sobre as artes na contemporaneidade* / organizadores: maurilio andrade rocha, josé afonso medeiros souza. belém: programa de pós-graduação em artes da ufpa, 2014). p. 113.

resplendor

mais tarde naquele mesmo dia pude testemunhar o horrendo reaproveitamento de corpos na natureza. um pássaro bica com violência o cadáver da cigarra, já metade devorada por formigas; olho nos olhos do pássaro e não me é possível imaginar a agressividade com a qual ele se alimenta. joga a cigarra para o alto, pisa; quando no chão, bica, para não dizer que morde, em rápidas marteladas. se trata disto, não é? de não desconfiar do belo pássaro plumado. a cigarra e seu aspecto de natureza nauseante, a cigarra devorada viva pelas formigas e pelo pássaro, me pergunto se esse ser dotado de beleza nojenta sente dor, se sofre por morrer, se sua feiura é uma previsão de seu destino…

o monstro

acorda sempre com fome esse monstro rubro e absorto. tem olhos que poderiam alastrar sua existência à pura necessidade de estar vivo. e, sim, sempre esteve vivo, mesmo que eu não soubesse, mesmo sempre morto, sempre vivo, acorda sempre moribundo, tem medo de água, mas não suporta secura.

monstro é sempre ambíguo, além, muito além de ambíguo, é um atraso, mas por ser tão sem consciência acaba sendo dotado de uma beleza impossível de ser absorvida por olhos humanos, é casto, é puro, por isso monstruoso, por isso acorda com fome e se deita sozinho, morde somente quando necessário, e sabe-se que sempre, sempre é necessário. sempre precisa de companhia, somente por isso impõe cárcere privado, mas se priva da própria liberdade, o monstro se lambuza e se preenche todo com o medo, e o medo escorre, pelas pálpebras semicerradas é que se vê o tamanho ordinário do pavor injustificável, e é do medo a lembrança, sempre a lembrança desconfigurada, desfigurada, sem tamanho, sempre com remorso.

arrepende-se sempre que morde, mas que fazer, que outra opção o monstro tem? já nasceu monstro. já nasceu torto, se bem que estreito.

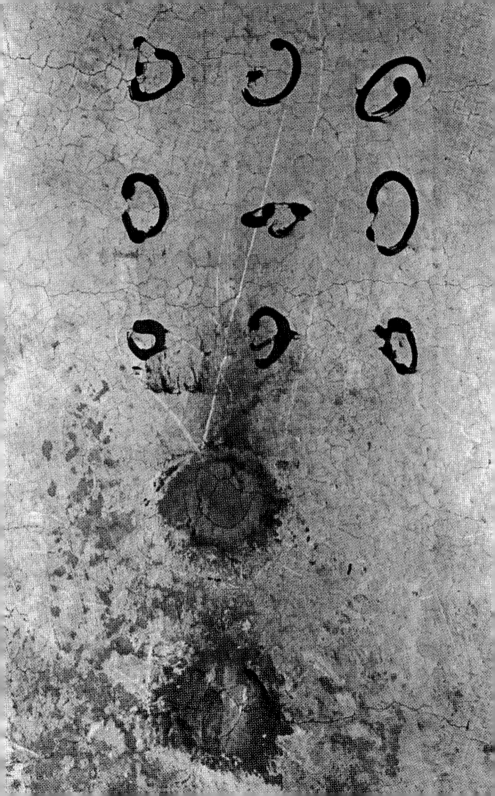

- - - - - - pétala
não caia esse orvalho

olho
não perca essa lágrima

auras que já se foram
grato pela graça
a graça que eu acho
em tudo que fica
por tudo que passa[113]

---

[13] leminski, paulo. *caprichos & relaxos*. são paulo: companhia das letras, 2016. p. 39.

metamorfo

por vezes

muitas vezes

perco

me perde

a capacidade de

metaforizar

é possível

que esta nuvem que me

ronda

seja apenas

o grosso sumidouro

que

some

quando o dia

mesmo dia

muito dia

corre o sol

metafórico sol

do dia nublado;

eu vejo

lá

grossa

a charmosíssima

busca
por entender
as horas
das hordas
em torno
das cascas
mesmo ridículo
malfeito o serviço ingrato
perco nas tarefas
a vontade da metáfora
tão reais são os pratos sujos
e a poeira
em minhas mãos
e em meu caderno
sujo
dentro
sujo
impossibilitado
infértil
solo desgastado, porém vivo
pois por vezes
muitas vezes
nasce mato

tessitura

é preciso, quase sempre, entregar-se à correnteza. é preciso afundar os pés em matéria densa até que se cubram os olhos. nas manhãs sem sol, principalmente, é que é necessário não ver; enfrentamento e fuga, em um só organismo ambíguo, presente, quase sempre presente, meio distante, ainda que certo de sua fixação. isto é um fato. mesmo quando parece envergar-se, pender para o lado mais duvidoso, é na dúvida que se evidencia a certeza. o fato como coisa isolada, coisa em si, coisa absolutamente falsa e desprovida de inteligência. a terra hoje infértil, em outro tempo exibiu florestas úmidas, aves fartas, caos sincero. hoje infértil. vez ou outra corre o questionamento: que curiosidade pelo mundo nos faz suspensos de qualquer outra coisa que não seja o mundo em si? por que criamos idênticos mundos em que temos dois olhos, um só coração e unhas nos dedos dos pés? será que somos criaturas tão descuidadas, presas em nossos próprios questionamentos sobre o mundo, impossibilitados de enxergá-lo como realmente é? nossa função, então, enquanto indivíduos, é esta: comer, cagar, dormir. acordar, sujar, lavar, guardar. sair, fazer, chegar. ir embora. dormir. cagar. comer. mesmo quando fabuladas outras terras, outras vidas, sempre vidas. outras vidas. outros nós. outro tempo, ainda que não o conheçamos. ainda quando sonho outros mundos, outras sombras em repouso durante a noite, ainda assim sonho vida. mesmo a morte é também embebida de vida, nos outros mundos, nos outros eus e nós. o inebriante perfume de dama-da-noite deve nos lembrar: você não há de ser a única.

magnífico magnético

existe algo de misterioso nas verdadeiras razões pelas quais as sinapses estimulam os neurônios. o que nos faz, de fato, amar, repugnar, atrair ou afastar; continua incerto o porquê de recebermos melhor certos estímulos e não outros, que são ignorados – quase que negligenciados – por esta rede da qual temos pouco controle de fato. as redes neurais coexistem e mantêm coesa sua formação através da única certeza possível: a existência. simplesmente trabalham, incessantes, transmitem informações, definem o que é necessário e o que é descartável, nos fazem dormir e nos fazem acordar, nos fazem comer, nos lembram que precisamos sobreviver, e assim por diante.

as plantas são seres complexos, verdadeiras comunidades formadas por organismos menores que se repetem e que têm a mesma importância e necessidade, individualmente, para formar "o grande indivíduo". as raízes, os galhos e as folhas são todos interdependentes, cada um exerce uma função descentralizada e contribui para a boa existência do todo. peculiar imaginar que o corpo humano possui exatamente as mesmas cadeias de funcionamento, dispostas, inclusive, na mesma ordem gravitacional. é simples constatar; basta entregar imagens de uma ressonância magnética, ou uma representação do sistema linfático, a uma criança e perguntá-la o que ela vê. pode até lembrar o método de rorschach, mas é bem mais simples. é visual, óbvia, inegável e natural a semelhança entre estes animais que somos e o velho reino das plantas. tenho gostado de imaginar o ser humano como uma árvore nômade que desenvolveu pulmões no lugar das folhas, uma vulva no lugar das flores, veias no lugar das raízes... talvez por isto, por sermos seres híbridos, transeuntes entre a terra, o ar, e a água, é que estejamos em constante conflito entre o ficar e o partir, o nascer e o morrer, pois nascer significa estar presente com determinada forma, e morrer é se sujeitar a novamente não possuir forma, e então quebrar em outros milhões de formas e, provavelmente, nascer mais uma vez do fungo que faz nascer a planta, e assim por diante.

é estranho estar vivo. estranhamente prazeroso.

existe algo de misterioso nas verdadeiras razões pelas quais a calmaria azul precede a tempestade. como se conseguíssemos prever todas as vezes em que o mar ficará revolto, sem nos esquecer, nunca, de que o tempo irá virar; nada do que está hoje foi ontem, nem estará amanhã. em algum momento a ordem parece instaurar-se, fazer morada, enraizar-se. mas logo desenvolvem-se os pés e ela se vai, caminhando por entre outros cânions, buscando outras certezas, e aqui ficamos, o caos novamente, o redemoinho, as placas tectônicas em constante inquietude, o olho da terra cada vez mais próximo da cegueira, as correntezas fracas de um rio antes da tromba d'água. pois é precisamente neste momento que as condições se encontram ideais para o acasalamento, dispersão de genes. reproduzem-se todos, pois quanto mais espécimes, maiores as chances de manter vivo a si próprio. assim seguimos, dando supostos nomes a supostos bois, criando significados para símbolos inventados, buscando explicações para fatos inexplicáveis, seccionando terras e privando divisões democráticas. nos amontoamos e nos isolamos, em uma tentativa de manter o equilíbrio. fazemos e desfazemos, constantes, causamos defasagem, depois nos contorcemos para preencher os vazios.

preenchemo-nos de água líquida. vazamos como se brotássemos de uma pedra monumental. umedecemos até a quina mais exposta ao sol, onde há a maior concentração de musgo. somos vida na pedra, pedaços soltos de ar e minério. cuspidos em um tempo por vir, procuramos uns nos outros por espelhos, embrenhamos mata adentro na esperança de encontrar seres fantásticos que se assemelham a nós, cujos olhos e dentes brilham mais que duas supernovas em plena explosão. suas unhas afiadas nos agarram e nos mostram nossa minúscula condição animácula. fomos feitos para padecer; a beleza do padecimento, raramente reconhecida e tampouco compreendida, se encontra no fato de que não acabamos, nunca. transmutamos, assumimos outra forma, migramos da liquidez para a solidez, da solidez para a liquidez, até perder por completo a noção de "estado". o ensejo humano pela mimese é praticamente uma anedota: seres que imitam a si próprios, compostos pela mesma matéria, porém outros.

esperança

esperança também tem olho, boca, perna, também tem líquido vital em seu interior. esperança também morre, também vira comida para a terra, também degrada e passa a habitar novos corpos. seus pedaços verdes viram interior de seres amarelos, castanhos. quando cheguei esperança era viva, agora morreu. mas não faz mal; logo voa outra esperança ao meu encontro, talvez agora um grilo, ou um louva-deus, ou um bicho-folha. o enxergarei como esperança.

possível ordem

alimento

observação, ciência da minha presença no mundo. dinâ-
micas de relacionamento e troca de energia com o todo;

digestão

compreender como as relações com o outro definem e atravessam o percurso, aceitar as influências externas;

absorção

aceitar as influências internas. a troca de energia se transforma num novo ciclo, as imagens que recebo servem de alimento para minha própria criação;

ovulação

os ovos que começo a produzir – ainda não eclodidos – são resultado das formas, cores e nomes absorvidos do mundo. também significa fertilidade epistêmica;

gestação

nutrir os pensamentos até o amadurecimento – parto;

invólucro

entendo meu corpo como hospedeiro do que produzo.
a esta altura percebo que minha ovulação é, também,
uma forma orgânica;

desintegração/gênese

destruir para formar-se. movimento de convergência.
um corpo que nasce de um outro;

sítio

sitiar-se. estabelecer-se;

queima

nada se cria, nada se perde – tudo se queima. resultado da combustão, já em nível consciente. o fogo orgânico é parte do ciclo. a vida resiste às cinzas;

erosão

abrir buracos na terra: abro buracos e procuro significados como uma minhoca abre caminhos minúsculos;

fragmento

quando tudo parece estilhaçado, é hora de recolher cacos.
pensamento fragmentado, lógica de criação fragmentada;

vertigem

estado de transe em que o trabalho é materializado.
vertiginoso, pois acontece em movimento circular;

espiral

percebo que não há início nem fim. processo em ritmo espiralado, furacão, do cu do mundo ao fundo do céu. nada compreendo sobre o mundo, mas admiro-o profundamente;

reflexo

vejo-me fora de mim – em uníssono com o outro.

um mesmo ser que pode existir enquanto lagarta e borboleta.

índice de imagens

p. 10-11. organograma

criado a partir de uma proposição dos professores roberto bethônico e rodrigo borges durante a disciplina ateliê de desenho iv. mapa conceitual visualmente construído a partir de palavras-chave acerca do próprio processo criativo.

p. 20. victória sofia, *narrativa das formigas*, 2021. fotografia digital.

p. 32-35. victória sofia, *esquina de evento babélico*, 2020. videoação realizada e transmitida ao vivo.

esta ação virtual interativa aconteceu durante a exposição *a dobra e a borda*, em 2020, e resultou em um *site specific* na casa polifônica, espaço cultural em belo horizonte. Mediante a coleta de palavras aleatórias por meio de uma live, o suposto espectador dita o ritmo da escrita espontânea que forma um texto-imagem diretamente, com papel carbono, no encontro entre duas paredes da casa polifônica. a ação tensiona o embate entre informação e conhecimento, levanta questões a respeito da linguagem e sua função significante pragmática, bem como as relações entre artista, galeria/museu, público e virtualidade.

p. 44-45. victória sofia, série sem título, 2018. colagem, recortes de revistas de história da arte.

partindo de uma proposição do professor alan fontes, começo a pensar nos "movimentos primários" realizados pelas mãos: qual seria a primeira forma a surgir partindo de um movimento abstrato? a partir daí, se iniciou a pesquisa com relação às formas espontâneas encontradas na natureza, cujos padrões de repetição podem ser vistos desde nosso corpo até as composições cosmológicas mais complexas.

p. 46-49. victória sofia, *flora residente*, 2018. cerâmica, queima alta e queima em raku.

durante o mesmo período em que desenvolvia as colagens e começava a pensar nas formas orgânicas, estudava cerâmica com liliza mendes e joão cristelli, onde pela primeira vez tive contato com o trabalho da artista plástica celeida tostes, que me marcou e continua marcando profundamente. foi inevitável levar à cerâmica o pensamento de um primeiro movimento que faz surgir uma forma. assim, nasceram as "folhinhas" que compõem este trabalho, exposto no centro de referência da juventude na *deriva 13*, em 2018, e na galeria da escola de belas artes na mostra *desenhum*, em 2019.

p. 58-59. victória sofia, *espinafração*, 2019. cerâmica crua.

paradas desde o início do isolamento social, em março de 2020, as peças que compõem este trabalho são discos de argila crua, que nesta montagem, realizada na casa polifônica em 2021, são cuidadosamente reunidas em uma pilha que emerge do chão. a ação de retirar as peças das caixas em que se encontram e mudar sua disposição (a princípio, estes discos seriam queimados, esmaltados e expostos fixos à parede, como em *flora residente*) representa o estado de casulo ao qual fomos submetidos com o início da pandemia e suas consequências para o pensamento em arte. o texto que compõe este trabalho foi desenvolvido durante a disciplina *metodologia da pesquisa: arte*, com guilherme bueno.

p. 60-63. victória sofia, série sem título, 2018-19. grafite sobre papel.
os desenhos são parte da busca pela compreensão das formas orgânicas que se repetem, incessantes, na natureza como conhecemos. no micro e no macro, desde as células eucariontes às aglomerações de estrelas a milhares de anos-luz, estas formas – que são a manifestação visual das cadeias de comportamentos que todo ser, vivo ou não vivo, acende – se fazem presentes. é mais importante, nesta série, a interpretação de quem vê e o que pode ser visto por cada pessoa.

p. 64. victória sofia, sem título, 2019. grafite sobre papel.

p. 66-69. victória sofia, série *desenho-caos*, 2020. pastel oleoso e grafite sobre papel.

p. 76-77. victória sofia, *todas as coisas debaixo desse céu hão de ser digeridas*, 2019-21. pregos, topázio azul e fotografia impressa sobre papel.

autorretrato fincado de pregos, que aferram em tom industrial um pequeno topázio azul posicionado na boca aberta da fotografia. a textura da impressão traz uma percepção fantasmagórica em relação aos corpos que transitam pela terra, cujo tempo de existência é ínfimo em relação ao tempo da vida em si. assim como nos alimentamos da terra, a terra se alimentará de nós. nos mantemos, então, vivos, existindo enquanto moléculas de carbono.

p. 82. victória sofia, sem título, 2021. fotografia digital.

p. 84-85. victória sofia, série *inflexões*, 2018-22. grafite sobre papel vegetal.

partindo da leitura de *as veias abertas da américa latina*, de eduardo galeano, comecei a refletir sobre as formas fractais junto às formas orgânicas, como se os mapas pudessem representar suas entranhas, um sistema venoso ou linfático, como os veios das folhas e o formato do rio com seus afluentes.

p. 92-93. victória sofia, *expurgo-desespero* e *expurgo-cantoria*, 2019. fita crepe, grafite e pastel seco sobre papel.

p. 98-101. victória sofia, série sem título, 2020. oxidação sobre chapa de aço galvanizado.

série de oxidações em aço que foram expostas a água sanitária, vinagre e urina e à influência direta da irradiação solar, gerando imagens e cores espontâneas na superfície que se modificam com o passar do tempo. a reação altera, também, a própria estrutura física do metal, que é corroído e, simultaneamente, corrói aquilo com que entra em contato. este trabalho foi desenvolvido para a exposição *a dobra e a borda*, na casa polifônica, cuja curadoria do artista visual froiid foi uma referência ao centenário de amilcar de castro enquanto um precursor para a arte contemporânea.

p. 106-107. victória sofia, *umidade*, 2020. fotolivro.

imagem extraída do livro *umidade*, bem como os textos *umidade [1]* e *[2]*, composto por fotografias de paredes das casas de minhas avós, materna e paterna, ambas residentes da região de venda nova, em belo horizonte. o mofo, a rachadura, o granulado, os riscos e as manchas remetem instintivamente a ambientes da memória, corroídos e atravessados pela ação do tempo.

p. 112-113. objetos coletados.

p. 114-115. victória sofia, *campânula cinge amorfo*, 2019. objetos coletados, recipientes de vidro.

campânula cinge amorfo significa exatamente o que é: aqui, o título é pensado através da rigorosa linguagem científica. dezenas de campânulas cuja função é cingir corpos amorfos. objetos mundanos de múltiplas aparências e naturezas, desde chaves e pregos enferrujados até corpos de insetos em decomposição, são abrigados com cuidado e certa frieza em recipientes vitrais em forma de sino, com a boca aberta para cima, sujeitos a virar pó dia após dia. dentro dos vidros, os objetos industriais e os fósseis da terra parecem feitos da mesma matéria.

p. 116. victória sofia, sem título, 2020. fotografia digital.

p. 126-127. victória sofia, *o monstro*, 2020. pastel oleoso sobre papel.
neste trabalho e no seguinte (*terceiro ciclo da quarentena*), a ideia dos ciclos naturais se manifesta incessante no útero; a cada mês, a ovulação e o sangue se fazem presentes, acostumamo-nos com a dor que sempre retorna.

p. 128-129. victória sofia, *terceiro ciclo da quarentena*, 2020. pastel oleoso e grafite sobre fotografia impressa em papel.

p. 130. victória sofia, sem título, 2022. fotografia digital.

p. 152-165. victória sofia, frames da videoperformance *cobrir a boca de sal/coçar os olhos/cortar as unhas/trinchar certezas*, 2020.

vídeo realizado em um momento em que a vida cotidiana parecia destoar (ou assemelhar-se) ao processo criativo. os elementos corriqueiros são rearranjados em contextos não pragmáticos, irrealistas. o texto que acompanha as imagens surgiu junto da proposição do organograma.

bibliografia

BACHELARD, Gaston. *A poética do espaço*. São Paulo: WMF Martins Fontes, 2008.

BURKHARD, Gudrun Krökel. *As forças zodiacais*: sua atuação na alma humana. São Paulo: Antroposófica, 1998.

CABRERA, Julio. Esboço de uma introdução ao pensamento desde "américa latina" (para além das "introduções à filosofia"). *In*: CAMPBELL, Brígida; VILELA, Bruno (org.). *Arte e política na américa latina*. Belo Horizonte: Brígida Campbell, 2021.

COCCIA, EMANUELE. *A vida das plantas*: uma metafísica da mistura. Desterro [Florianópolis]: Cultura e barbárie, 2018.

FRONER, Yacy-Ara. Coleções: o interstício da curadoria, do colecionismo e da preservação. *In*: ROCHA, Maurilio Andrade; SOUZA, José Afonso Medeiros (org.). *Fronteiras e alteridade*: olhares sobre as artes na contemporaneidade. Belém: Programa de pós-graduação em artes da UFPA, 2014.

KRENAK, Ailton. *Ideias para adiar o fim do mundo*. São Paulo: Companhia das letras, 2019.

LE GUIN, Ursula K. *A teoria da bolsa de ficção*. São Paulo: n. 1 edições, 1986.

LEMINSKI, Paulo. *Caprichos & relaxos*. São Paulo: Companhia das letras, 2016.

LISPECTOR, Clarice. *A paixão segundo G.H.*. Rio de Janeiro: Rocco, 2009.

MANCUSO, Stefano. *Revolução das plantas*. São Paulo: Ubu editora, 2019.

MAXAKALI, Sueli. Yãy hã miy. *In*: GOMES, Ana Maria R. (org.). *Catálogo da exposição mundos indígenas*. Belo Horizonte: Espaço do conhecimento UFMG, 2020.